AF603309

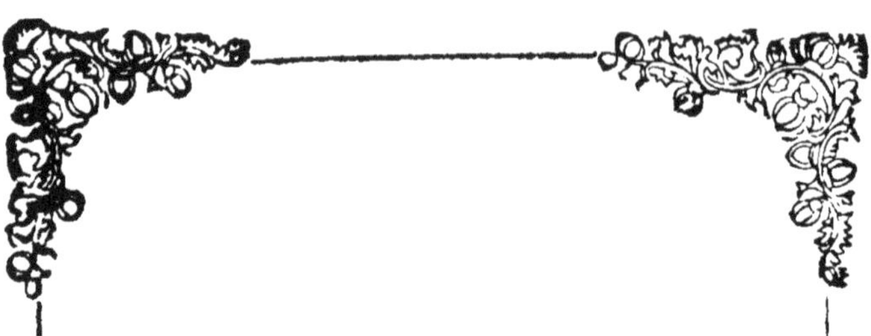

TRAITÉ DE PEINTURE à l'Aquarelle.

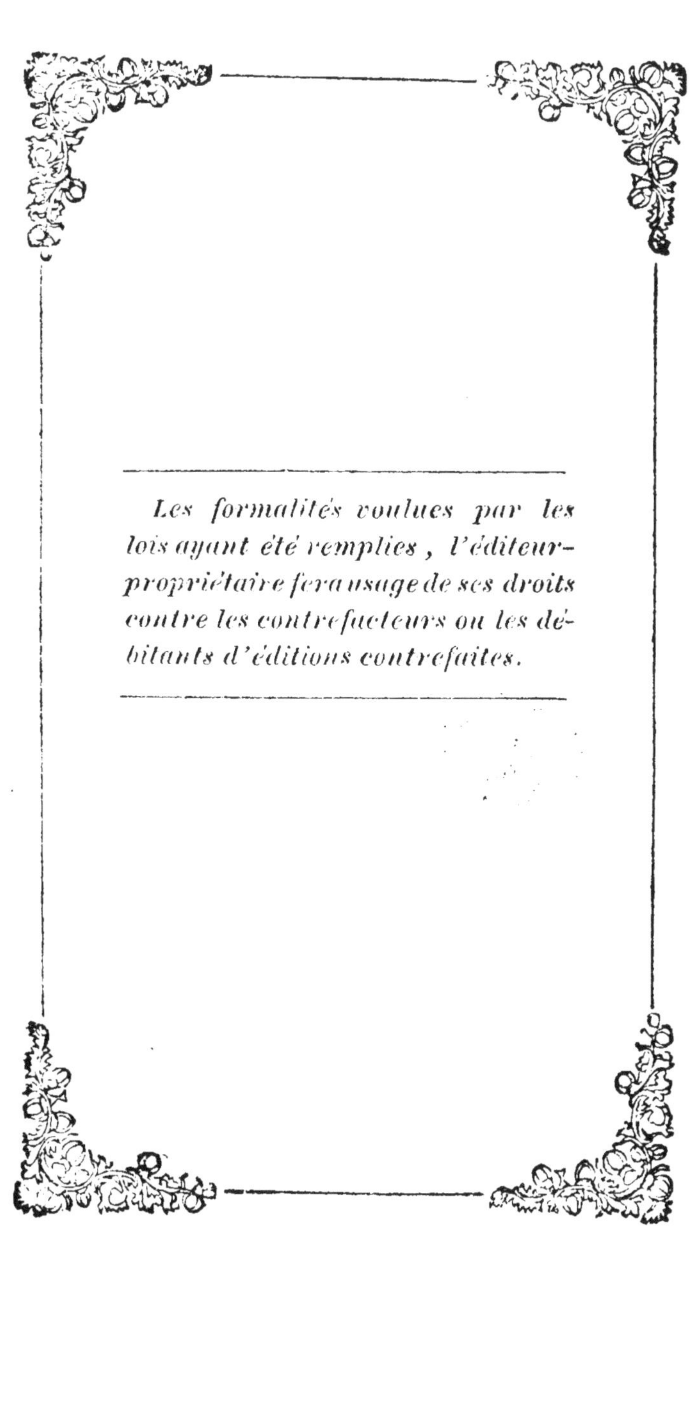

Les formalités voulues par les lois ayant été remplies, l'éditeur-propriétaire fera usage de ses droits contre les contrefacteurs ou les débitants d'éditions contrefaites.

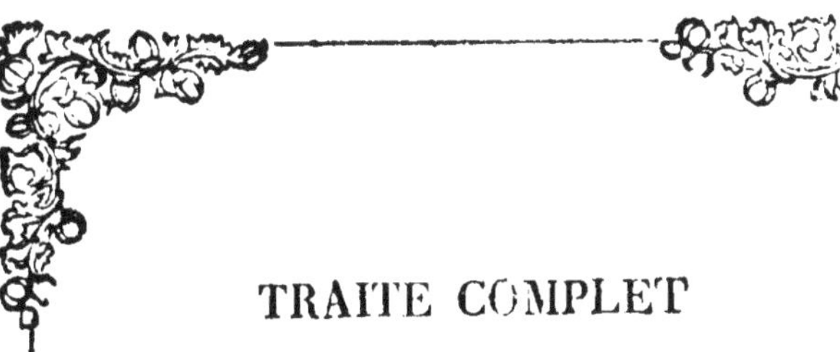

TRAITE COMPLET DE PEINTURE A L'AQUARELLE,

PRÉCÉDÉ DE NOTIONS GÉNÉRALES SUR LE PAYSAGE ET LA PERSPECTIVE,

Par A. DD. CHIRAC.

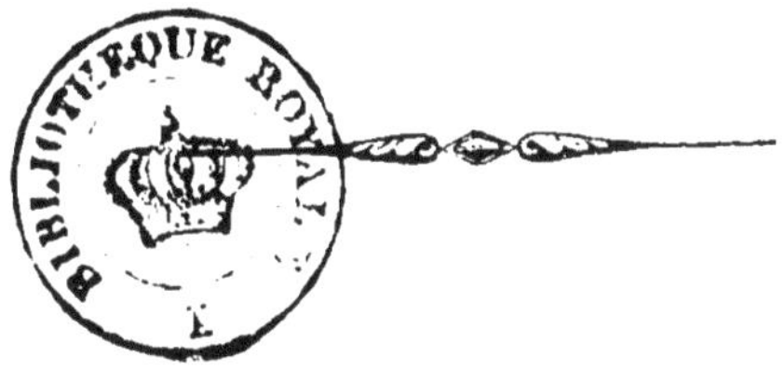

PARIS,

Chez DELARUE, Libraire, Quai des Aug., 11;

LILLE. — Chez CASTIAUX Fils, Libraire, Grande Place, 13.

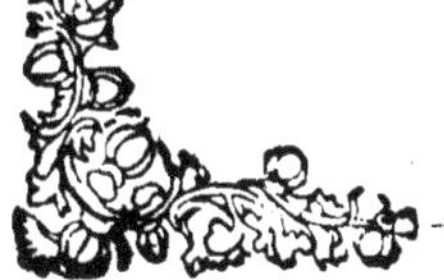

LILLE.—TYP. DE BLOCQUEL-CASTIAUX.

INTRODUCTION.

L'Aquarelle, longtemps abandonnée aux architectes et aux dessinateurs de topographie, était primitivement un simple lavis à l'encre de chine, plus ou moins coloré quelquefois avec du carmin, de la gomme gutte, de l'indigo et du cobalt. Ce n'est que depuis une vingtaine d'années environ, que les peintres s'en sont emparés et ont cherché à reproduire les effets piquants et vrais de la peinture à l'huile. Leurs premiers dessins ont participé quelque temps du genre qui les avait précédés : mais peu à peu leurs essais se sont améliorés ; l'aquarelle a insensiblement obtenu de l'éclat, de la fraîcheur, de la vapeur, et enfin même la transparence et la vigueur des tons lumineux de la peinture à l'huile, à côté de laquelle elle est venu se placer, sans désavantage, dans les galeries et les cabinets d'amateurs, ainsi que dans les expositions publiques et annuelles du louvre et de la société des amis des arts.

Les admirables productions de quelques artistes distingués, parmi lesquels nous citerons MM. Bellangé, Charlet, Decamps, Roqueplan, Flers, J. Coignet, d'Orschsviller, Hust, Alfred Dedreux, Tony et Alfred Johannot, E.ne et A.lle Dévéria, Fielding et Poterlet, ont fait connaître, jusqu'à quel degré de vigueur et de chaleur l'aquarelle pouvait être portée. Sous ce rapport les superbes dessins de Decamps peuvent hardiment rivaliser avec les meilleurs tableaux des écoles anciennes, flamandes et hollandaises, tels que les Teniers, Gérard Dow, Van Ostade, Mieris, *etc.*

Newton Fielding, peintre célèbre d'animaux, a acquis sa réputation avec l'aquarelle seulement, et ses œuvres répan-

dues dans tous les cabinets d'amateurs, attestent la puissance et l'éclat de son pinceau en même temps que les ressources de son art.

Ce malheureux artiste après avoir enrichi Paris et la France entière de ses dessins s'est vu forcé de se retirer en Angleterre où la mort vient de le surprendre dans le plus beau moment de la vie d'un homme, celui où jeune encore, il peut jouir avec tranquillité de ses triomphes et de ses succès.

Peu d'artistes ont possédé comme Fielding, le sentiment du coloris et celui de l'expression pour les petits animaux qu'il introduisait dans ses compositions. Il est seulement à regretter que quelquefois trop préoccupé du motif intéressé pour lequel il travaillait, il ait négligé la correction et l'exactitude du dessin, la régularité des formes, l'anatomie et l'expression des mouvements musculaires, faisant ce que l'on appelle vulgairement en peinture, du métier, il a trop souvent oublié la gloire, ce grand mobile des artistes, qui doit être constamment le but de tous leurs efforts, et ses dessins faits avec précipitation, quoique toujours cependant empreints d'un caractère spirituel, dénotent le peu de valeur qu'il y attachait.

Il serait difficile de rappeler ici tous les artistes qui s'occupent avec succès de l'aquarelle; le nombre en est grand et chacun a des mérites particuliers. Ceux que nous avons cité plus haut ont une supériorité marquée et leurs dessins, très-recherchés par tous les amateurs, ont un prix très-élevé et sont même fort rares.

Dans l'aquarelle, comme dans la peinture à l'huile, le paysage est peut-être le genre qui offre le moins de difficultés dans son exécution et qui se prête le plus aisément aux procédés pratiqués par les aquarellistes, MM. Watelet, Jules Coignet,

Hubert, Siméon Fort, Flers, etc., sont les premiers qui s'en soient occupés, et leurs succès ont été aussi grands que leurs travaux le méritaient. C'est à ces artistes que nous devons entièrement les perfections apportées dans l'art ; le goût qui s'en est répandu dans le public a été la meilleure et la plus honorable récompense de leurs travaux.

Plusieurs traités, plusieurs manuels ont été publiés sur l'aquarelle ; mais toujours incomplets et insuffisants, ils n'enseignaient rien à celui qui voulait s'en servir, car la plupart des artistes, trop préoccupés de leurs travaux d'ateliers, n'ont pas le loisir d'écrire et les ouvrages imprimés sont presque tous faits par des personnes étrangères à l'art. C'est pour suppléer à cette lacune que j'entreprends de confier au public mes procédés d'aquarelle, je ne me dissimule pas la difficulté de la tâche que je m'impose ; mais j'aver-

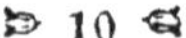

tis et j'affirme d'avance que tout ce que je dirai sera le résultat d'une expérience couronnée par les succès qu'ont obtenu mes dessins, aux diverses expositions de Paris, des départements, et de la Belgique. Je me livrerai donc avec la plus grande confiance à la critique judicieuse de l'artiste et de l'amateur qui liront mon ouvrage : je me trouverai assez heureux s'il peut leur être utile.

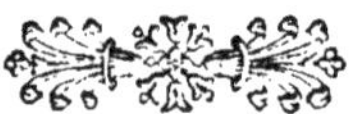

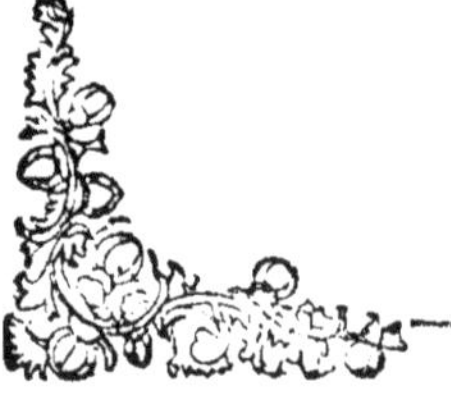

TRAITÉ DE PEINTURE A L'AQUARELLE.

Considérations générales sur le paysage.

Le paysage est la représentation exacte sous une forme quelconque peinte ou dessinée, d'un pays, de la campagne et de tous les objets naturels et artificiels, organiques et inorganiques qui y sont répandus, tout ce que peut avoir une personne qui se promène dans un lieu découvert, peut entrer dans la composition d'un paysage.

Le paysage jusqu'à ce jour avait été divisé par les maîtres en deux styles, savoir : historique et champêtre ; c'est-à-dire, noble ou simple, selon ce que l'artiste y représentait de préférence.

Les progrès de l'art, les changements et les augmentations qu'y a introduit l'école moderne romantique, m'ont suggéré de modifier la classification adoptée jusqu'à ce jour et j'ai divisé le paysage en quatre genres très-distincts, par leurs caractères principaux : le genre héroïque, historique, agreste et local.

Paysage héroïque.

Le paysage héroïque orné de tout ce que la mythologie et l'esprit des romains a pu créer de fantastique, est empreint d'un caractère riche et grandiose qui en parlant aux sens, élève l'âme du spectateur, et qui, par le noble enthousiasme dont il l'énivre, le reporte au temps et au lieu de la scène, que l'imagination du peintre a voulu reproduire.

Paysage historique.

Le genre historique ne diffère du genre héroïque, qu'en ce que les sujets en sont puisés dans l'histoire sainte, ancienne ou moderne; dans ces deux genres, le paysage doit être traité avec grandeur, par belles masses, d'une composition et d'un arrangement sévères; la couleur et les effets doivent être sages, les détails rendus avec finesse, vérité, précision et exactitude; le site doit toujours être en rapport avec la composition des figures, et toutes les parties du paysage doivent avoir entr'elles et avec le sujet du tableau, une grande convenance de localité.

Les paysages héroïques et historiques sont le plus souvent ornés de monuments majestueux de l'architecture la plus noble et la plus sévère.

Le Poussin, Claude Lorrain, et après

eux Michallon, Victor Bertin et Bidault, sont les maîtres dont les ouvrages offrent le type du genre historique.

Guillaume Miéris, Hobema, Salvator Rosa, nous ont laissé, dans le genre héroïque, des compositions magnifiques qui feront toujours l'admiration des artistes.

Paysage agreste.

Le genre agreste comme son nom l'indique, beaucoup plus simple que les deux précédents, est l'image naïve et fidèle de la campagne, telle qu'elle se présente à nos yeux, sans fard ni embellissement. La Flandre, la Hollande, la Suisse et quelques parties de l'Italie, fournissent ordinairement à nos paysagistes les éléments de ce genre qui a toujours été spécialement pratiqué par les artistes flamands et hollandais.

Les productions précieuses de Jacques Ruisdael, Paul Potter, Berghem, Cobell, Van Uden, Carle Dujardin, Vande Valde, Weynauts, Jean Asselyn, etc., sont des modèles précieux que le paysagiste doit toujours consulter, avant d'aller étudier les secrets de la nature.

Paysage local.

Le genre local ne participe d'aucun des trois genres précédents; il appartient presque en entier aux peintres de portraits et aux peintres d'histoire. La représentation exacte d'une ville, d'un port de mer, la vue générale d'un pays, caractérisent ce genre, dans lequel rentrent aussi les panorama, diorama, cosmorama et universorama. Joseph Vernet, Canaletti, Jean Fyt, nous ont laissé de beaux tableaux en ce genre; MM. Gudin, Eugène Flandin, Daguerre, Eugène Isabey, Canella, Renoux, Dagneaux, Pernot, etc., sont les artistes qui le pratiquent aujourd'hui avec le plus de succès.

Ce n'est pas entre quatre murs peints en gris ou en rouge sang, à la lueur pâle d'une lampe et en présence d'un plâtre inanimé ou d'un mannequin immobile, que le peintre de paysage doit toujours rechercher ses inspirations savantes; non! son atelier n'a d'autres bornes que l'horizon, d'autres flambeaux que le soleil, et pour voûte, celle du firmament.

Le monde entier est son modèle; glissant à travers mille dangers, tantôt au sommet d'un roc escarpé, il contemple la nature morte, et les pics blanchis de neige et de glace sont les objets que cherche son pinceau; tantôt aux pieds centenaires et décrépits d'un énorme chêne ou d'un gigantesque sapin, il contemple la nature mourante, toujours grande et majestueuse; tantôt foulant, de son pied, des prairies émaillées de fleurs qu'arrosent des ruisseaux limpides, il réjouit et énivre son âme des plaisirs que lui offre une végétation jeune et florissante.

Partout la nature lui offre des modèles, que son imagination ardente cherche à retracer avec âme et vérité, un moulin, des rochers, une cascade, des groupes d'arbres, sont des objets dans lesquels il voit des études à faire; rentré dans la solitude de l'atelier, il profite des observations que lui a fourni sa pérégrination artistique, pour retracer, avec inspiration, les beautés dont la nature, toujours riche et variée, a impressionné son âme.

DE LA PERSPECTIVE ET DE SES EFFETS.

La science qui a pour objet l'imitation des corps et qui sert à déterminer la dégradation des nuances, qu'ils nous présentent, s'appellent perspective.

L'ensemble des lignes qui exquissent une image, est la perspective linéaire de cette image.

La dégradation des teintes, est ce qu'on nomme perspective aérienne de la même image. La perspective linéaire place les formes dans notre vue comme elles sont dans l'espace. Elle coordonne toutes les parties du spectacle, qui s'offre à nos yeux ; elle proportionne les images peintes sur la rétine, aux grandeurs et aux distances, elle décide des objets vus et de ceux qui sont cachés ; en un mot, c'est elle qui détermine toute l'ordonnance géométrique d'un tableau.

La perspective linéaire nous aide beaucoup et nous sert puissamment non seulement à juger les formes des objets ; mais c'est aussi elle qui nous fait juger de leur éloignement. On en acquiert la preuve quand on les considère en les isolant du sol comme en les regardant par exemple au travers d'un long cylindre ; car on juge alors très-difficilement des distances qui nous séparent à moins qu'elles ne soient fort différentes les unes des autres. Si l'on répète plusieurs fois cette expérience, on se convaincra que l'effet perspectif du sol et des pieds des objets qu'il supporte, est ce qui nous donne l'idée de leurs distances respectives.

L'impûreté de l'air, selon la teinte plus ou moins forte, dont elle obscurcit les objets, surtout lorsqu'ils sont peu élevés, aide aussi comme moyen d'apprécier les distances, nous à faire juger des situations respectives des corps et pour les objets éloignés cet effet de l'impûreté des couches inférieures de l'atmosphère, se trouve pour la vue avantageusement remplacé par celui du bleu d'azur, que revet leurs surfaces et dont l'intensité augmente avec l'épaisseur de l'air interposé entre eux et nous.

L'étude de la prespective linéaire et de la perspective aérienne, est indispensable à celui qui veut acquérir un grand talent comme paysagiste; la première lui enseigne la direction à donner aux diverses lignes de son paysage, l'éloignement des divers plans qui le composent, la position et le tracé des diverses parties d'architecture qu'il veut introduire dans ses compositions.

Comme dans la nature il existe une distance réelle entre les premiers plans et les lointains, que l'artiste n'a qu'une certaine superficie de toile à sa disposition et que sur cette toile tous les objets sont à la même distance de l'œil du spectateur, il faut donc qu'il parvienne à tromper la vue pour faire connaître la distance qui, dans la nature, sépare les divers objets que doit représenter son tableau.

Lorsqu'un artiste travaille d'après nature, il ne peut guères se tromper ; mais lorsqu'il compose ou qu'il retrace un site d'après ses souvenirs ou ses croquis, il doit bien faire attention à déterminer la différence de ses plans et la direction de ses lignes.

Plusieurs moyens sont en son pouvoir, et la perspective linéaire lui donne des règles invariables, pour déterminer la grandeur des objets relativement à leur éloignement de l'œil.

Nous avons dit plus haut que lorsque l'artiste travaillait d'après nature, il était presque impossible qu'il se trompât de beaucoup. Cela est vrai en général ; mais il arrive souvent que dans l'esquisse d'une église, d'un intérieur de village, de rue, etc., il se trouve embarrassé pour placer et diriger certaines lignes. J'ai souvent vu des jeunes gens dessinant sur la nature, tracer des lignes qui au lieu de converger vers le point de vue, s'en éloignaient considérablement ; ce qui rendait leur travail très-difficile et les décourageaient d'étudier d'après nature; parce qu'ils ne pouvaient jamais terminer un dessin, dont toutes les parties fussent d'accord entr'elles et ne choquâssent pas la vue.

Rien de plus simple pourtant que de dessiner sans le secours de la perspective, même pour celui qui n'en a aucune notion ; ce qui est bien rare :

car l'enfant qui commence à raisonner, s'aperçoit bientôt que toutes les lignes qui sont au-dessus de son œil descendent, et que contrairement celles qui sont au-dessous montent.

Faut-il aussi un très-grand jugement pour reconnaître que, plus on s'approche d'un édifice, plus les corniches s'abaissent vers l'horizon.

Cela une fois compris, l'étude du paysage d'après nature devient très-simple ; il suffit, pour cela, de tracer sur votre dessin, une ligne et un point vers lequel convergent à-peu-près, les principales lignes du tableau.

On choisit sur le premier plan, une maison, un arbre, pour servir de jalon auquel on rapporte les diverses grandeurs relatives des différents objets qui forment les plans intermédiaires et les lointains du paysage que l'on veut représenter, par ce moyen très-simple l'on parvient facilement à tracer avec précision et fidélité, tous les objets que la vue peut embrasser, et il ne reste plus qu'à donner à un dessin ainsi fait, la valeur des tons des différents objets ; c'est ce qu'enseigne la *perspective aérienne* dont on peut aussi se passer en comparant et rapportant aux objets qui sont en avant du paysage, la vigueur des tons des divers plans qui le composent.

Voici quelques principes généraux dont les amateurs et les artistes qui n'ont pas fait une étude de la perspective aérienne, ne doivent jamais s'écarter ; c'est que plus les objets s'éloignent de l'œil, plus leurs contours deviennent indécis, douteux et vaporeux ; plus leurs ombres et leurs lumières s'affaiblissent et finissent par se confondre dans les lointains.

L'air qui s'interpose entre l'œil du spectateur et les objets du paysage, est la cause de ces différents effets. Les corpuscules étrangers qu'il tient suspendus, troublent sa transparence ; ce qui fait que plus les corps sont éloignés de nous, moins ils sont perceptibles, et les couches d'air les plus basses, étant ordinairement les plus chargées de corpuscules, ce sont ces couches qui sont les plus épaisses, de manière que les parties les plus élevées des objets, comme l'a fort bien remarqué *Léonard de Vincy*, se voient beaucoup mieux, que celles qui avoisinent le sol et que le haut d'un clocher, par exemple, est toujours plus sombre à son sommet qu'à sa base ; puisque l'air y est beaucoup plus rare.

Dans les lieux très-fréquentés, où la sécheresse cause toujours de la poussière surtout le soir, cet effet de l'air est sensible à de très-faibles distances.

Quelquefois aussi et particulièrement le soir et le matin, le brouillard dans les vallées profondes, nuit à la transparence de l'air et revêt les objets d'une petite teinte blanchâtre qui s'unit au bleu de l'atmosphère et dont l'épaisseur aide à nous faire juger des distances.

Sur les premiers plans d'un paysage, plus les objets s'approchent de la terre, plus ils doivent être éclairés et brillants ; plus leurs ombres doivent être accusées vigoureusement. Il n'en est pas ainsi pour les plans intermédiaires et pour les lointains ; parce que l'atmosphère qui environne la terre, vient exercer son influence en répandant sur les lumières et les ombres, une vapeur égale qui les rend un peu vagues et indécis à l'œil du spectateur.

DE L'AQUARELLE.

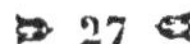

Matériel de l'Aquarelle.

Du Papier.

Le papier qui provient réellement des fabriques anglaises est le meilleur ; mais il en existe peu en France.

Le papier anglais a beaucoup moins d'éclat que celui fabriqué en France ; mais en revanche, sa qualité est bien supérieure : car fait entièrement avec des chiffons de fil, il est beaucoup moins cotonneux, bien mieux collé, et par cela même résiste avec bien plus d'avantage, au travail de l'aquarelle.

Celui que j'emploie le plus souvent est désigné dans le commerce sous le nom de *serviette anglais*, ou demi-torchon. Il faut le choisir fort et sonnant. Pour les grandes aquarelles j'emploie néanmoins le grand torchon qui m'offre plus de résistance, pour les parties que je peux avoir à enlever dans mon dessin.

Je choisis ordinairement le papier le plus vieux pourvu qu'il ne soit pas piqué par l'humidité.

Le papier, pour être bon, doit être sonore et regardé sous un angle de 45 degrés au grand jour, il doit offrir un grain parfaitement égal, sans égratignures ni tâche quelconque, il faut aussi qu'en le regardant devant une lumière, sa pâte soit parfaitement homogène, ne présentant aucune goutte d'eau ni défectuosité et qu'il soit partout également transparent.

Cartons tendus.

On tend son papier sur une planche ou un carton à dessiner en le mouillant par derrière avec une éponge fine et en le fixant tout-autour avec de la colle à bouche. Ce procédé est tout simple ; il en existe un, peut-être un peu plus dispendieux, mais qui, selon moi offre le grand avantage d'avoir toujours sous la main un papier tout préparé pour un dessin. Ce moyen, c'est nécessairement celui que j'emploie : j'ai toujours chez moi, plusieurs cartons anglais de différents formats, (1) tendus d'avance, sur lesquels sont collées sur plusieurs feuilles de papier, quand j'ai terminé un dessin,

(1) M. Castiaux fils, tient des cartons tendus, et les fabrique au gré des amateurs.

je l'enlève et je retrouve dessous une autre feuille blanche, toute prête à recevoir un nouveau dessin.

Ces cartons sont très-commodes pour les aquarelles qui ne dépassent pas le quart de feuille; mais pour celles qui sont plus grandes, je les colle par le moyen ordinaire de la colle à bouche sur un chassis, auquel s'encadre à volonté, une planche assez forte.

Ce chassis est indispensable, parce qu'on a souvent besoin pendant l'exécution d'un grand dessin, d'humecter l'envers du papier, afin de le conserver frais et d'avoir le temps de fondre les grandes teintes, telles que le ciel et les eaux. La planche s'adapte à la fin, le plus souvent, lorsqu'on est forcé d'enlever et qu'on craint de crever le papier.

Des pinceaux.

Les opérations de l'aquarelle se font

ordinairement avec deux pinceaux montés sur une même ente, leur choix influe considérablement sur le travail de l'aquarelle; j'engage mes élèves à les choisir toujours plutôt gros que petits, ils sont faits en poils de martre, de fouine, de petit gris ou d'écureuil.

On reconnait la bonté d'un pinceau à la souplesse, à la longueur, à l'élasticité du poil et à la pointe naturelle qu'il forme. Pour cela on doit les laisser tremper dans un verre d'eau quelques minutes, afin d'en extraire la gomme que les fabricants y mettent pour les raidir, et ensuite il faut les secouer fortement.

S'ils sont bons, ils reprendront leur forme naturelle et feront toujours la pointe, ce qui est essentiel; car sans cela en effet on ne pourrait pas quitter une partie d'un dessin, pour passer à une autre, qui sécherait trop vite et qui menacerait de ne plus pouvoir se fondre avec le travail de la partie contigüe, sans préalablement rétablir la pointe que le pinceau doit avoir pour suivre des traits délicats.

Il est cependant rare que les pinceaux satisfassent bien à cette condition; il faut au moins pour pouvoir exécuter les grandes teintes, qui obligent à déformer la pointe, qu'on puisse la rétablir promptement, en passant le pinceau sur l'ongle du pouce gauche. Pour conserver mes pinceaux j'ai soin de les tenir très-propres et de les retirer de l'eau dès que je cesse de travailler. L'été, la boite qui les renferme doit être parfumée, afin de les préserver des vers, qui sans cela, les détruiraient.

Des couleurs.

Le nombre des couleurs d'aquarelle

n'est pas limité, chaque artiste a une composition de palette différente, la plus simple est la meilleure ; la mienne renferme quinze couleurs, que je classe ainsi, en partant du clair au noir :

Couleurs d'Aquarelle.

Jaune indien.
Laque jaune.
Terre de Sienne brûlée.
Bistre.
Seppia.
Carmin.

Laque brûlée ou brun Madder Outremer guinet ou Cobalt.

Vermillon de Chine.
Indigo du Brésil.
Payns gray, ou teinte neutre.
Noir de Bougie.

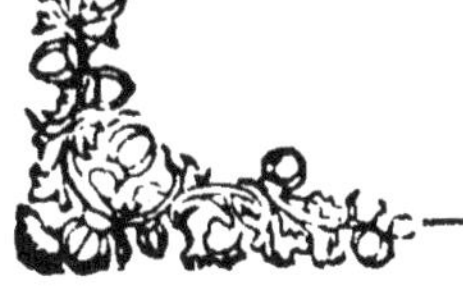

Couleurs pour gouacher les clairs.

Blanc léger.

Ocre jaune.

Cendre verte.

Jaune indien.

Le jaune indien est une production végétale qui tire son nom et son origine de l'Inde.

Il y en a deux nuances ; l'une tirant sur le vert et l'autre sur l'orangé. Celle-ci est la meilleure. Cette couleur est fort solide et traverse même quelquefois le papier, mélangée avec l'indigo, le cobalt, l'outremer, la teinte neutre, le bistre, ou la seppia, elle produit des tons plus ou moins foncés et très-chauds ; avec le carmin, les laques, ou les vermillons, elle donne des teintes orangées superbes et d'un éclat très-brillant.

Laque jaune.

La laque jaune est extraite d'une plante appelée gaude. C'est une couleur très-légère et transparente, s'unissant très-bien aux bleus, avec lesquels elle compose des verts de différentes nuances très-agréables. On l'emploie beaucoup aussi pour glacer les parties trop froides d'un dessin.

Terre de Sienne brûlée.

La terre de Sienne brûlée est le résultat de la calcination de la terre de Sienne naturelle, qui est elle-même un produit minéral. Cette couleur solide et transparente est d'un grand emploi dans l'aquarelle, pour les terrains ou les fabriques ; elle sert aussi à glacer.

Bistre.

Le bistre d'un ton brun un peu verdâtre se forme naturellement dans les tuyaux de poële, cette couleur peu solide, transparente et vigoureuse, sert beaucoup pour les terrains, les rochers et les fabriques.

Seppia.

La seppia est le résultat de la dissécation de la vessie d'un poisson appelé sèche ou seppia. C'est un brun moins transparent que le bistre mais qui a cependant à peu près le même emploi dans l'aquarelle.

Carmin.

Le carmin extrait de la garance, moins solide que celui de cochenille, est pourtant celui adopté aujourd'hui en France, à cause de son économie. Cette couleur d'un beau ton fournit beaucoup, est très-transparente et se mélange heureusement avec toutes les autres couleurs. Son emploi n'est pas très-grand, excepté pour les ciels et la préparation d'un dessin.

Laque brûlée et brun Madder.

La laque brûlée et le brun Madder sont deux couleurs à peu près semblables de ton et faisant le même usage, transparentes et solides; elles servent beaucoup à l'ébauche.

Outremer.

L'outremer Guimet ainsi désigné par le nom de son inventeur, est une des plus belles découvertes de la chimie moderne. L'outremer employé jusqu'à ce moment, était extrait du *lapis lazuli oriental*, pierre précieuse et très-rare, ce qui rendait l'emploi de ce bleu fort dispendieux pour les artistes, ils étaient donc souvent forcés de le remplacer par le cobalt, beaucoup moins beau de ton et encore fort cher, ou souvent même par le bleu de Prusse, couleur très-mauvaise, extraite du fer, et qui a le défaut de verdir beaucoup. M. Guimet, directeur de la salpétrière de Toulouse, chef d'escadron d'artillerie et chimiste distingué, a enrichi les arts de l'outremer factice dont on ignore encore la composition; mais qui cependant paraît être un produit minéral, composé, plus ou moins d'argent. Cette couleur est très-solide, mais d'un emploi bien difficile en aquarelle; parce que les molécules qui la composent s'allient difficilement et nécessitent beaucoup de gomme.

Cobalt.

Le cobalt qui a un ton plus clair, fournissant beaucoup moins est plus facile à manier.

Vermillon.

Le vermillon de Chine, que l'on retire de la sublimation du cinabre, est une couleur lourde, de l'opacité de laquelle on doit se méfier. J'ai cependant l'habitude de l'employer beaucoup ; mais toujours en parties très-aqueuses, notamment pour les ciels et la préparation des premiers plans, pour lesquels elle me donne des dessous très-chauds et vigoureux.

Indigo.

L'indigo est le produit naturel d'une plante de l'Amérique. Celui venant du Brésil est le meilleur. Ce bleu d'un ton très-intense et fort solide, donne avec les jaunes, des verts plus ou moins chauds et vigoureux.

Payns Gray ou teinte neutre.

Le Payns Gray ou la teinte neutre, donne deux nuances tirant, le Payns Gray sur le noir, et la teinte neutre sur le violet; ces deux couleurs sont le mélange, dans des proportions différentes, d'encre de Chine, d'outremer et de carmin, c'est assez dire, qu'elles sont solides. Elles sont absolument nécessaires à la préparation et à l'ébauche d'un dessin.

Noir de bougie.

Le noir de bougie est le plus brillant des noirs employés en peinture. Son usage est très-rare; il est produit par la fumée que l'on ramasse dans un récipient suspendu au-dessus d'une bougie allumée.

Blanc léger.

Le blanc léger n'est autre chose qu'une première qualité bien épurée de blanc de plomb ou céruse. Ce blanc très-lourd et très-épais, ainsi que les deux couleurs qui vont suivre, sert à ramener de la lumière dans les parties d'un dessin, qui ont besoin d'être éclairées et que l'on n'a pu ménager.

Ocre jaune.

L'ocre jaune, couleur minérale naturelle fort solide, s'emploie presque toujours avec le blanc. Pure, cette couleur sert à ranimer, dans les feuillages, les parties éclairé s par un soleil couchant.

Cendre verte.

La cendre verte, produit composé d'oxide de cuivre et d'arsenic anglais, est un vert cru, qui réchauffé et glacé, avec un peu de carmin, ou du jaune indien, offre des nuances très-belles. On doit craindre son opacité.

Boites et Palettes d'aquarelle.

Les couleurs ci-dessus se vendent toutes préparées pour l'aquarelle. Il y a diverses préparations. Les couleurs anglaises de Neuwman sont très-bonnes. Je leur préfère les couleurs *molles*, au miel, et encore mieux les couleurs *demi-molles* anglaises en rondelles plates. Ces dernières s'appliquent sur une palette de fer blanc peinte et vernie à compartiments, avec recouvrement. Cette palette est fort commode et très-portative. On peut aussi employer les boites en fer blanc, qui sont aussi très-portatives, mais avec lesquelles, il existe l'inconvénient que toutes les couleurs étant très-rapprochées, se mêlent entr'elles pendant le travail. Ces boites devraient être plus creuses et les compartiments plus profonds que l'épaisseur des couleurs ; le désagrément que je viens de signaler, n'existerait plus. La fabrique de M. Panier, successeur de *Lamberti*, est celle qui aujourd'hui approvisionne toute la France et une partie des pays étrangers. Son seul dépôt à Lille, est chez M. Castiaux fils.

Le choix des pinceaux, du papier et des couleurs n'est pas une chose indifférente à l'artiste qui veut apporter du soin dans son travail. J'ai dû alors m'étendre un peu sur ces articles importants de la peinture à l'aquarelle.

Conseils sur l'aquarelle.

Le travail de l'aquarelle, beaucoup plus simple que celui de la peinture à l'huile, repose en partie, sur des procédés fixés et des moyens que l'on appelle *ficelles* en terme d'atelier; chaque artiste a des ficelles à lui, dont il ne sort pas et qu'il ne confie guères. Moins jaloux que la plupart d'entr'eux, je vais bien franchement mettre au jour les moyens d'exécution que j'emploie pour mes dessins, et toutes les observations que j'ai été à même de faire depuis que j'ai entrepris l'aquarelle. Je désire parler à des amateurs, ayant quelques notions de dessin du paysage, je souhaite surtout m'adresser à des personnes susceptibles d'apprécier tous les efforts que j'ai faits, pour que mon opuscule leur soit utile.

J'engage ceux de mes lecteurs qui n'auraient jamais dessiné le paysage, à copier au crayon mine de plomb, quelques bonnes études lithographiées, à défaut de dessins originaux à la mine de plomb. Après cela ils devront aussi copier quelques dessins à la seppia pour avoir un peu l'habitude du pinceau avant d'entreprendre l'aquarelle, les deux exercices que je viens de citer et dont le dernier surtout est indispensable, leur donneront une grande facilité dans la main et détruiront pour eux les premières et les plus mauvaises épines de l'aquarelle. Je supposerai donc, dans le courant de tout ce qui va suivre, que mon lecteur en est arrivé au point de pouvoir commencer à peindre, avec de la couleur. Pour me rendre plus clair et plus intelligible, je vais analyser un paysage complet, vue à toutes les heures du jour, dans tous les climats, et je détaillerai, pour chaque partie de ce paysage , ma pratique d'aquarelle.

Du Ciel.

Soleil couchant.

L'esquisse d'un paysage une fois terminée, on doit entreprendre le ciel. Si c'est un soleil couchant, voici comment j'opère : je prends avec un très-gros pinceau et en frottant sur la couleur, une grande quantité aqueuse de Payns Gray et un peu d'outremer, ou de cobalt. Je prépare mon ton de suite, à la force convenable, sur un papier collé, qui couvre le bas de mon dessin et qui me sert de garde main. Ce premier ton qui doit me servir pour les ombres des nuages, une fois rencontré d'environ un tiers plus foncé qu'il ne le faut, parce qu'en séchant il doit pâlir beaucoup, j'en prends avec mon pinceau une quantité assez grande pour pouvoir immédiatement en couvrir toute la partie des nuages qui en demandent; après cela je prends du cobalt pur ou de l'outremer, avec lequel je brosse la partie bleue du ciel, en découpant les nuages. Je laisse sécher ces deux teintes, et lorsque le papier a repris son état primitif, je porte sur mon garde-main une teinte, plus ou moins forte de jaune indien, selon l'instant du soleil couchant que je veux représenter; je couche cette teinte sur tout le ciel, depuis l'horizon, en l'affaiblissant insensiblement, à mesure que je monte, de manière que lorsque j'arrive au bleu, il ne reste plus dans mon pinceau qu'une eau presqu'incolore, je laisse de nouveau bien sécher mon ciel, ensuite je le glace avec une teinte très-légère et transparente de vermillon et de carmin. Lorsque je le vois bien sec, je le lave à grande eau, en fondant au moyen d'une brosse plate, de celles que l'on emploie dans la peinture à l'huile, les ombres et les demi teintes des nuages. Lorsque l'eau ne luit plus, mon papier étant encore humide, je brosse de nouveau de l'outremer où du cobalt mélangé d'un peu de carmin, sur la partie bleue du ciel en l'étendant légèrement vers les lumières des nuages, de manière à éviter les duretés ; je reglace aussi les ombres des nuages, avec leur teinte primitive, en ayant soin de bien les fondre vers les bords ; j'applique sur les ombres des nuages supérieurs, un léger glacé d'outremer et de brun rouge. Il y a quelquefois au bord de l'horizon des nuages rougeâtres ; ces images se préparent avec du Payns gray et un peu de carmin.

Soleil levant.

Le soleil levant s'exécute de la même manière que le précédent, en supprimant totalement le vermillon et en diminuant beaucoup la quantité de jaune.

Soleil de midi.

Pour un ciel de midi, le vermillon et le carmin sont inutiles et les teintes jaunes doivent être excessivement faibles; quant aux autres couleurs, leur emploi est le même que pour le soleil levant ou couchant, en tenant les ombres des nuages plus grises ou plus bleuâtres.

Ciel orageux.

J'exécute un ciel orageux comme les trois derniers dont je viens de parler, j'ajoute seulement un glacé général de brun rouge, que je fortifie avec du noir de bougie, pour les ombres des nuages supérieurs.

En règle générale plus les nuages descendent vers l'horizon et plus leurs ombres deviennent bleuâtres.

J'égalise mes ciels et je leur donne de la vapeur en les frottant légèrement avec de la mie de pain rassie pulvérisée.

Des Lointains.

Les lointains participent presque toujours des teintes de l'horizon, avec lequel ils viennent même quelquefois se confondre, surtout lorsque le paysage est terminé par des plaines. Dans ce cas ils s'exécutent en même temps que le ciel, par teintes larges, en dessinant adroitement et légèrement avec le pinceau la silhouette des arbres, fabriques, etc., qu'ils renferment.

Lorsque le dessin représente un effet de soleil couchant, les lointains doivent être éclairés généralement partout, les montagnes se dessinent en bleu foncé devant le soleil couchant. Le ton de ces montagnes se fait avec un peu d'outremer ou de cobalt foncé par du Payns Gray plus ou moins, selon l'instant du coucher du soleil. Plus on se rapproche des premiers plans et plus les ombres doivent trancher; elles doivent toujours se préparer avec du Payns Gray et de l'outremer; en avançant sur les plans intermédiaires on y ajoutera une pointe de laque brûlée. Les lumières participeront toujours de celles du ciel et se feront avec la même teinte, sans crainte de la passer sur les ombres, auxquelles elle donnera beaucoup de transparence.

Brouillard.

Si j'ai un effet de brouillard à produire je prépare mon horizon et mes lointains comme je viens de le dire plus haut, en ayant soin de tenir les teintes plus fortes ; lorsque le ciel et les lointains sont secs, je passe dessus une eau légèrement azurée de cobalt ou d'outremer; pendant que le papier est encore humide, je fonds légèrement le ciel et les lointains ensemble, en pompant l'humidité du papier au moyen d'une éponge fine ou d'un linge fin. Quelquefois j'emploie un autre procédé selon l'idée qui me vient à la tête, mais le plus souvent, selon la circonstance. Ce moyen consiste à appliquer un papier brouillard sur mon dessin, à le mouiller par dessus ce papier avec une éponge ou un pinceau, et à retirer vivement le papier brouillard qui enlève alors la dureté des teintes et en vaporise les détails. ce dernier moyen donne beaucoup de douceur à un dessin et s'emploie souvent pendant le travail.

Lointain de forêt.

Dans l'intérieur d'une forêt les arbres éloignés sont bleus ; plus près ils sont violets et insensiblement arrivent à une teinte brune tirant sur le vert. Ces arbres se font dans le lointain, avec un mélange d'indigo et de noir de bougie, plus près avec un peu de Payns Gray, de laque carminée et de seppia, et enfin on y ajoute quelquefois une larme de terre de sienne brûlée. Les terrains sont le plus souvent reflétés de la même couleur que les arbres qui les garnissent. Lorsqu'ils sont à découvert ils reflètent dans leurs ombres, la couleur dominante des objets qui les environnent, et leurs lumières se font avec le ton de celles du ciel, modifié par le ton local du terrain auquel on travaille; les lointains et le ciel terminé dans un paysage, on passe à l'ébauche générale des plans intermédiaires et des premiers plans.

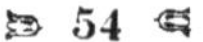

De l'Ébauche.

L'ébauche doit se faire du premier coup, par larges teintes plates très-abondantes, en dessinant fièrement et hardiment avec le pinceau, tout ce qui se détache en silhouette, soit claire sur un fond sombre, ou foncée sur un fond lumineux ; c'est le moyen de produire des effets piquants. On doit commencer l'ébauche par les ombres, qui se font dans les plans intermédiaires, avec un mélange de Payns Gray, de seppia et de laque brûlée. On passe ensuite sur ce premier travail et sur les lumières, sans rien ménager, la teinte locale particulière à chaque objet ; ces tons préparatoires des plans intermédiaires servent aussi pour l'ébauche des premiers plans, qui se fait du même moment, avec la seule différence qu'on doit tenir les ombres plus vigoureuses, plus brunes, et les lumières beaucoup plus faibles de ton. Les couleurs que j'emploie, pour cette ébauche, sont le brun madder, le vermillon, le Payns Gray, la seppia et la terre de sienne brûlée. Ces couleurs diversement combinées deux à deux, ou trois à trois, fournissent des tons très-heureux pour l'ébauche.

Un dessin bien ébauché est un dessin plus qu'à moitié fait, il est donc important de bien réussir ce premier travail, qui est l'élément et pour ainsi dire la charpente de l'aquarelle. Il nécessite une grande fermeté de touche et une grande précision de ton local.

Premiers plans.

Ebauche des terrains.

L'ébauche des terrains doit être heurtée. Les crevasses, les ornières doivent être accusées vigoureusement avec des couleurs solides et transparentes. Si les terrains sont chauds, on devra préparer les crevasses avec du brun madder ou de la laque carminée, fortifiée de bistre, et de noir de bougie. Les ombres qui ne sont pas reflétées, dépendent du ton local, que l'on fonce par un mélange de Payns Gray ou de noir de bougie.

Par un soleil couchant toutes les lumières des terrasses se glaceront du ton pur et lumineux qui colore le ciel. Les ombres devront aussi se foncer avec de la laque brûlée et de la terre de sienne brûlée.

Quand j'ai des terrains blanchâtres

et froids à exécuter, j'ébauche les ombres avec de la seppia et du Payns Gray, je place la teinte locale composée généralement d'outremer, de carmin, de jaune indien ou de bistre, chacune de ces couleurs prise séparément et par teintes aqueuses. J'applique ces divers tons par ci, par là, selon l'effet que je cherche à produire, je réserve quelques petites lumières plus vives; sur les arètes des ornières, des pierres, des crevasses etc., je détache avec une teinte légère de noir de bougie et de cobalt ou d'outremer, les ombres portées des différents objets sur les terrains, et je reglace ces mêmes ombres avec le ton local du terrain; je dissémine quelquefois des tons verdâtres et mousseux que je compose avec de la laque jaune, de la seppia et de l'indigo; lorsque je veux réchauffer ces mousses, j'y ajoute un peu de vermillon ou terre de sienne brûlée. Je finis ce travail en prenant mi secs, au moyen d'un vieux et gros pinceau taillé carrément, du cobalt, de la seppia, du blanc de plomb et de l'ocre jaune que je place séparément sur mes terrains et principalement sur ceux éclairés, des touches vives et multipliées en ayant soin de tenir presque continuellement, mon pinceau perpendiculaire au papier, dont le grain un peu gras refuse en certains points la couleur, et reproduit ainsi les inégalités et les aspérités du grain de la terre. Lorsque j'ai placé des touches trop fortes de ton, je les adoucis et je les applatis en les frottant de suite avec le bout de mon doigt ; quelquefois je prépare ainsi en entier mon terrain avec le bout du doigt qui me sert de pinceau. Je prends plusieurs couleurs que je porte ensemble sur le dessin en frottant et tournant mon doigt. Ce moyen très-bon à employer pour les ombres, produit des effets piquants et très-vrais ; je finis les détails avec le pinceau ordinaire, en dessinant les crevasses, les ornières, et en illuminant les reflets ou les lumières, soit au moyen du mouchoir ou de la gomme élastique ou de la mie de pain.

De l'Enlevage au mouchoir, etc.

Pour enlever au mouchoir, on mouille avec le pinceau la partie du dessin que l'on se propose d'enlever, et lorsque l'eau ne luit plus sur le papier, on frotte vivement, en appuyant un peu avec le mouchoir; on réitère cette opération jusqu'à ce qu'on ait obtenu l'effet desiré; on glace ces lumières avec le ton local. L'enlevage à la mie de pain et à la gomme élastique produit des effets plus piquants et s'exécute de même que le précédent.

Des rochers.

Les rochers se préparent à l'ébauche comme les terrains dont ils font partie, c'est à dire par masses plates en accusant de suite d'une manière vigoureuse les ombres et les crevasses. On emploie pour cela avec un grand succès le Payns Gray, la seppia ou bien de l'outremer et du brun madder.

Le ton local des rochers varie à l'infini. Si les rochers sont calcaires et blanchâtres, la teinte locale se fera avec de l'ocre jaune étendu d'eau et gouaché de blanc, si les rochers ont une teinte rousse et chaude quoique claire, le même ton donné pour les rochers calcaires, modifié par la terre de sienne brûlée, sera la base primitive du ton à employer. Dans ces deux cas l'on doit appliquer quelques touches fermes de couleur mi-sèche avec un vieux pinceau taillé carrément en forme de brosse en crins de celles que l'on emploie pour la peinture à l'huile.

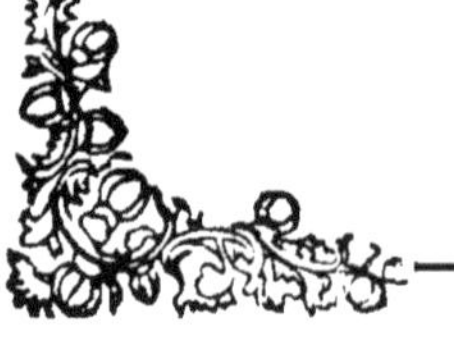

Rochers sombres.

Lorsqu'on a une masse de rochers sombres à peindre, j'engage à se servir du doigt comme d'un pinceau. Je donne ce moyen, parce que je l'emploie moi-même et que je suis toujours satisfait du résultat qu'il me donne. Quelquefois les rochers sont couverts de bois, de mousse, de lichens, ou de plantes sauvages; ces divers objets se traitent chacun d'une manière différente, mais toujours accessoirement. Le plus souvent on ne les épargne pas et on les enlève après coup au moyen du mouchoir ou de la gomme élastique; on les travaille ensuite comme il convient.

Les rochers d'une teinte sombre et vigoureuse s'ébauchent avec de la laque brûlée, de la seppia et du noir de bougie, qu'on applique séparément, avec le bout du doigt, par grandes masses fermes de touche ; on revient sur ce premier travail par des teintes transparentes, composées selon la convenance du ton local, de terre de sienne brulée, de bistre et de brunn madder. Les teintes mousseuses reçoivent dans le ton indiqué ci-dessus, une légère addition d'indigo et de laque jaune.

Les rochers qui sont au bord de l'eau sont toujours couverts de mousse. Leurs basses recèlent dans leurs crevasses des plantes aquatiques. Le ton de ces rochers participe souvent de celui des eaux qui les baignent.

Des Eaux.

Les eaux sont ou tranquilles ou agitées, ou transparentes ou bourbeuses.

Eaux tranquilles.

Les eaux tranquilles reflètent toujours la couleur des objets qui les environnent ; lorsqu'elles sont à découvert, elles sont le miroir du ciel et les nuages y sont réfléchis ; dans ce cas les ombres se préparent avec de la seppia et de l'indigo.

Les demi-teintes et les lumières se composent absolument de la même manière que celles du ciel, dont elles sont l'image, et pour leur donner de la transparence, il convient de les glacer avec des teintes très-aqueuses de terre de sienne brûlée et de laque jaune. Les parties brillantes de la surface des eaux s'enlèvent avec la pointe d'une aiguille ou d'un canif ; et pour les adoucir on frotte légèrement dessus avec la gomme élastique.

Eaux agitées.

Les eaux agitées telles que les cascades ou les flots de la mer, se préparent dans leurs parties ombrées, soit avec du Payns Gray et de la seppia, soit avec de l'indigo et du bistre, selon qu'elles sont plus ou moins vertes: les parties éclairées qui doivent être ménagées toujours plus grandes se couvrent avec une teinte très-aqueuse, composée d'ocre jaune, de cobalt et quelquefois de terre de sienne brûlée. Les parties brillantes, les tourbillons de l'eau écumante s'enlèvent au grattoir. On gouache après coup avec du blanc et de l'ocre jaune modifié pour les diverses teintes par de l'outremer ou du Payns Gray.

Eaux transparentes.

Les eaux transparentes nécessitent l'emploi des couleurs les plus pures et les plus transparentes; leurs ombres doivent être préparées avec les tons locaux des objets qu'elles reflètent. Quelques ondulations horizontales faites avec de l'indigo pur, ou d'autres enlevées à la pointe du canif, ajoutent beaucoup à leur transparence.

Les reflets doivent être colorés absolument avec le même ton que celui des objets naturels qu'ils représentent.

Quelques pierres et quelques plantes ajoutent beaucoup à l'effet de ces eaux. On ne devra employer pendant leur travail que des mélanges de couleurs faits deux à deux pour conserver toute la fraîcheur des tons.

Lorsque ces eaux traversent une forêt, pendant le printemps elles sont d'un vert pur, qui demande dans sa composition, de l'indigo et de la laque jaune avec lesquelles on prépare les ombres et toutes les parties reflétées; les arbres, les troncs, les pierres et les terrains se colorent de leurs teintes particulières; on adoucit le tout par un léger glacé de carmin et de bistre.

Lorsque les eaux qui traversent une forêt sont représentées pendant l'automne, elles doivent être colorées de la teinte *feuille morte* qui enveloppe toute la végétation qui les entoure. L'ébauche se fera pour les ombres avec de la seppia et du brunn madder, pour les lumières avec de la terre de sienne brûlée et du cobalt, que l'on glacera avec une teinte aqueuse, composée de vermillon et de laque jaune.

Eaux bourbeuses.

Les eaux bourbeuses s'exécutent de la même manière que les précédentes; les couleurs que l'on emploie à cet effet doivent être opaques : je me sers pour l'ébauche du noir de bougie, de l'outremer, de la seppia et de l'ocre jaune et d'outremer pour les lumières; je glace le tout avec un mélange de cendre verte, d'ocre jaune, d'outremer et de vermillon. J'enlève quelques parties brillantes à la pointe du canif, et je détache quelques mousses plus vertes au bord de ces eaux.

Le travail des eaux en général doit

être adouci par le frottement de la gomme élastique, ou de la mie de pain pulvérisée.

Des Plantes.

Les plantes qui peuvent entrer dans la composition d'un paysage varient à l'infini. Il serait trop long de donner pour chacune d'elles des principes particuliers. J'ai adopté une division générale en deux espèces, aquatiques et terrestres.

Plantes aquatiques.

Les plantes aquatiques ont toujours une surface lisse et d'un vert pur, tirant plutôt sur le bleu que sur le jaune, ayant des reflêts blanchâtres, tels par exemple les *nénuphars, les iris, les joncs* et *les roseaux*. Le ton local de ces plantes se compose de laque jaune et d'outremer. L'indigo mélangé avec de la seppia donne les ombres; les reflèts s'éclairent avec de la cendre verte et du jaune indien, quelques parties, notamment les lumières, doivent être rehaussées de blanc. Les dessous et les vigueurs de ces plantes se travaillent avec de la terre de sienne brûlée et de l'indigo. Les veines se font à la pointe du pinceau tenu verticalement, avec de la laque jaune, de la seppia et de l'indigo.

Quelquefois les extrémités ou une autre partie des feuilles sont mortes; la terre de sienne brûlée et quelquefois le bistre uni au brunn madder, serviront dans ce cas.

Les joncs reçoivent de plus, dans leur ton local, un peu de noir de bougie.

Fleurs.

Les fleurs qui sont sur l'eau ou au bord de l'eau se colorent chacune diversement. Le blanc d'argent, l'ocre jaune, le vermillon, le carmin et le cobalt sont les principales couleurs employées à cet effet.

Plantes terrestres.

Les plantes terrestres en général beaucoup moins fraîches que les précédentes, ont aussi des couleurs moins vives; leur ton tire sur le jaune; les parties brûlées abondent plus fréquemment que dans les plantes aquatiques.

L'ébauche des ombres appelle du bistre, de la seppia, de l'indigo et du brun madder combinés différemment. Les reflêts et les demi-teintes se font avec des mélanges de laque jaune, d'indigo, de bistre et de carmin ; les lumières qu'on a eu le soin de ménager se colorent selon leur vivacité, et leur fraîcheur de ton, avec de la laque jaune, du cobalt, de l'ocre jaune ou de la cendre verte.

Les plantes qui sont tout-à-fait cachées sous les autres, à l'abri de la lumière, ont une teinte générale composée de brunn madder, de jaune indien et d'indigo.

Le Payns Gray uni au brunn madder et au bistre, donneront le ton nécessaire, pour piquer les vigueurs et les dessous des plantes.

Les fleurs se traitent de la même manière que celles des plantes aquatiques.

L'exécution des plantes en général exige une grande fermeté de touche et de la facilité dans le pinceau. L'emploi des couleurs doit être fait avec ménagement, en ayant soin de ne jamais placer une teinte sans que celle qui est dessous ne soit parfaitement sèche. Les mélanges des couleurs entre-elles ne doivent être faites que deux à deux, ou trois à trois au plus, afin de conserver tout leur éclat.

Des Arbres.

Les arbres que l'on est obligé de reproduire le plus souvent dans le paysage, sont le chêne, le chêne vert, le liège, le peuplier, le saule d'eau, le bouleau, le pin d'Italie, le sapin, le hêtre, le chataignier, le noyer, l'orme et l'acacia,

Du Chêne.

Le chêne est le plus commun de tous les arbres ; son port est noble et majestueux, son feuillage offre de belles masses qui entrent fort heureusement dans la composition du paysage.

L'écorce du chêne est raboteuse, couverte pendant sa vieillesse, dans certains endroits, de mousses nombreuses et fortes. La feuille du chêne est longue et se découpe en festons irréguliers. Les jeunes chênes ont une écorce plus lisse ; leurs feuilles sont d'une nuance beaucoup moins sombre que celles des vieux. Les branches du chêne sont le plus souvent placées horizontalement.

Les ombres de l'écorce se font avec du Payns Gray, de la seppia, de la terre de sienne brûlée, du brun rouge et du noir de bougie; les demi-teintes avec de la seppia, de l'outremer, du vermillon et de l'ocre jaune.

On commence l'ébauche par des masses plates, qui déterminent les ombres; on accuse ensuite en tenant son pinceau verticalement, et en appuyant de temps à autre de manière à donner des touches fortes. Les crevasses, les inégalités de l'écorce, et ces touches doivent être très-irrégulières, elles sont ordinairement dirigées du haut en bas, faisant quelquefois des espèces de petites papillotes, qui se croisent dans tous les sens. La seppia, le Payns Gray, le brunn madder et la terre de sienne brûlée serviront chacune séparément à cet effet. Le ton local des lumières est composé de jaune indien et de vermillon ; on repique les aspérités brillantes avec du blanc d'argent, chauffé par l'ocre jaune, la terre de sienne brûlée ou le vermillon. Les crevasses se font en appuyant son pinceau imbibé de couleur mi-sèche, de manière à ce que le papier n'en reçoive point partout; on emploie pour cela le jaune indien, l'indigo, la terre de sienne brûlée et la cendre verte. Les parties lisses, de l'écorce se traitent à teintes plates, les parties de l'aubier qui sont à découvert, principalement dans le bas des vieux troncs, sont couvertes de mousse rotie par le soleil ; la terre de sienne brûlée, le vermillon pur et le blanc d'argent serviront aux lumières, le brunn madder, la seppia et le noir de bougie, serviront aux ombres.

Le feuillé du chêne, lorsqu'il est vu

à une certaine distance, ne présente que des masses qui se font par teintes plates, en revenant dessus au moyen du pinceau taillé en forme de brosse dont j'ai déjà parlé. Ce travail produit un grainé qui reproduit assez fidèlement l'effet du feuillé. Quelques touches plus fortes faites au pinceau régularisent l'ensemble de ce travail et achèvent de lui donner l'aspect que l'on désire. Dans les premiers plans, le feuillé doit être découpé et se détacher purement; on ébauchera, en accusant de suite les feuillés qui font silhouettes, avec la pointe du pinceau largement imbibé de couleur. On passera une teinte générale sur les lumières réservées, et on finira en travaillant au pinceau tous les détails du feuillé.

L'indigo, la teinte neutre, la seppia et la laque jaune serviront pour les ombres.

La laque jaune, le vermillon, le cobalt et la terre de sienne brûlée, pour les demi-teintes.

Le jaune indien, la cendre verte, l'outremer, l'ocre jaune et le carmin pour les lumières qu'on tâchera de réserver le plus possible, mais pour lesquelles au besoin on gouachera.

Des feuilles mortes en général.

Les feuilles mortes se préparent pour les ombres avec de la seppia et du brunn madder; de la terre de sienne brûlée et du jaune indien pour les lumières et les demi-teintes. Cette règle s'applique généralement à toutes les espèces d'arbres.

Chêne vert.

Le chêne vert diffère du précédent en ce que les branches sont beaucoup plus régulières et quelquefois pendantes; la feuille est longue sans aucune échancrure, le vert en est beaucoup plus foncé, l'écorce est plus lisse que celle du chêne ordinaire. Le travail doit être pourtant le même; mais seulement plus régulier.

Les parties foncées du feuillage se font avec beaucoup d'indigo, de la laque jaune et du bistre.

Les demi-teintes avec la laque brûlée, de la laque jaune et de l'outremer; les lumières avec de la cendre verte illuminée de jaune indien.

Les branches qui sont à découvert se colorent de la même teinte que le feuillage environnant; on repique toutes les vigueurs et les dessous avec du brunn madder, de l'indigo et de la laque jaune.

Liège.

Le liège est une espèce de chêne dont la feuille est toute petite. Son écorce est très-raboteuse et il y en a plusieurs superposées les unes aux autres.

Le Payns Gray, le brunn madder, la terre de sienne brûlée et le vermillon fournissent des tons heureux pour l'ébauche, qui doit se faire à teintes plates en déterminant de suite les parties enlevées des diverses écorces. On revient sur cette préparation, en dessinant les ombres et les vigueurs, au moyen de la seppia, du noir de bougie et du carmin.

Le liège offre dans certains endroits, des parties couleur de feu. On ne craindra pas d'employer pour le rendre, le vermillon et le carmin pur, que l'on reglacera avec du jaune indien.

On terminera le travail des écorces par des tons mousseux composés de laque jaune et de cendre verte. On travaillera souvent avec le *pinceau brosse* afin de produire des inégalités.

Quant au feuillé, les couleurs que l'on emploie, leur mélange, et le travail de la main sont absolument les mêmes que pour le chêne ordinaire.

Peuplier.

Le peuplier se tient ordinairement dans les endroits humides et marécageux, dans les prairies au bord des fossés. Le bas des troncs est souvent dépouillé de son écorce ; celle-ci est moins raboteuse que celle du chêne, ses inégalités sont plus longues et moins saillantes. Les branches du peuplier sont toujours dirigées de bas en haut, les masses de son feuillage sont compactes, d'un vert brillant et frais. La forme du peuplier est celle d'un cône prolongé ou plutôt d'une pyramide. L'aubier du peuplier est très-lisse.

Les couleurs employées pour les crevasses et les inégalités du peuplier sont le brun rouge, la seppia, le noir de bougie et le Payns Gray, les parties lumineuses se préparent avec une teinte aqueuse de vermillon et se repiquent avec du blanc d'argent et de l'ocre jaune, quelques tons mousseux complètent ce travail.

Le feuillage se fait par teintes plates qui indiquent de suite les ombres et les lumières. Celles-ci se colorent avec du jaune indien et de la cendre verte ; les premières avec de l'indigo, du bistre et de la laque jaune. On termine en travaillant à la pointe du pinceau les mêmes détails.

Saule.

Le saule est ordinairement dans les prairies, à l'abri des peupliers, dans les endroits humides et bas, et quelquefois au milieu des marécages. Son tronc est court et trapu, son extrémité supérieure s'arrondit en forme de tête à plusieurs bosses, d'où naissent des rejetons que l'on coupe tous les deux ou trois ans, et qui forment autant de nœuds; les branches vont dans tous les sens; mais s'élèvent le plus souvent verticalement, la couleur en est d'un gris verdâtre, composé de Payns Gray et de laque jaune, bruni avec de la seppia pour les ombres. Le haut du tronc se prépare comme l'écorce entière, par teintes plates composées pour les ombres de Payns Gray et de seppia; pour les demi-teintes de seppia, de brun rouge et de terre de sienne brûlée; pour les clairs, de vermillon aqueux. L'écorce du saule étant très-raboteuse se travaille avec la pointe du pinceau par petites lignes courbes croisées dans tous les sens et en appuyant fortement de temps en temps pour imiter les inégalités. Quelques touches verdâtres faites avec de la cendre verte et du jaune indien, produisent les tons mousseux de l'écorce, dont les vigueurs se terminent avec du brunn madder, du Payns Gray et de la terre de sienne brûlée.

On rehausse les parties lumineuses des aspérités du tronc avec du blanc d'argent, de l'ocre jaune et du jaune indien.

Bouleau.

Le bouleau est de tous les arbres qui entrent dans la composition du paysage, celui qui offre les formes les plus gracieuses, et les plus coquettes, sa taille est peu élevée ; mais son port et la tournure de ses branches, ont quelque chose de bien voluptueux. Ces petites feuilles rondes, vertes d'un côté et blanches de l'autre, continuellement agitées par l'air, reflètent dans leurs mille miroirs, la lumière brillante du soleil, qui se joue avec elle, l'écorce de cet arbre ne le cède en rien à ses feuilles, son ton blanchâtre est parsemé de tâches mousseuses et d'autres noires qui en relèvent l'éclatant coloris. Le tronc se prépare pour les ombres, avec du Payns Gray; les lumières, avec de la laque jaune très-aqueuse, et les demi-teintes, avec de la seppia dont on renforce les ombres. Quelques taches bitumineuses formées de terre de sienne brûlée, de noir de bougie et de jaune indien, servent à marquer la mousse qui, en certains endroits, recouvre le tronc du bouleau. Le feuillage léger de cet arbre se fait par teintes plates d'abord, en indiquant légèrement les principales silhouettes; on emploie pour cela avec beaucoup de succès, le Payns Gray et la laque jaune unis à l'indigo pour les ombres, et l'indigo à la laque jaune pour les demi-teintes; on finit ce travail au moyen du pinceau brosse par petits coups redoublés dans tous les sens, et si on n'a pu les épargner on relève les lumières en gouachant légèrement au moyen du même pinceau, avec du blanc d'argent et du jaune indien ou de l'ocre jaune; on brunit, en repiquant les dessous et les vigueurs des masses ainsi que des branches, avec de la seppia et du brunn madder.

Pin d'Italie.

Le pin se divise en pin d'Italie et pin des landes, celui-ci est plus sauvage que le premier. Celui d'Italie est très-élevé, portant fièrement sa tête arrondie en forme de champignon ; son feuillage nu en apparence se compose de petites barres vertes, très-serrées les unes aux autres et attachés à leurs tiges comme des épingles à une pelote; les détails s'en perdent à la vue ; on n'en aperçoit que des masses rondes, très-rapprochées, et présentant d'une espace à l'autre des cavités vigoureuses. Ces masses se préparent par teintes plates composées pour les ombres, de Payns Gray, d'indigo et de laque jaune ; pour les demi-teintes, de laque jaune et de cobalt; pendant que ces teintes sont encore humides, on prend sur la palette, avec le pinceau brosse, un mélange mi-sec de seppia et de brunn madder, avec lequel on fonce les parties vigoureuses; on termine en glaçant les lumières avec une teinte légère de laque jaune. On arrête avec de la seppia les menus détails des branches.

Le tronc très-raboteux demande dans ses ombres, du Payns Gray, et de la seppia; dans ses demi-teintes, de l'outremer et du bistre. Les parties saillantes de l'écorce qu'on enlève au grattoir se colorent avec du jaune indien et du vermillon très-faibles. Quelques masses et quelques échancrures, rehaussées par la terre de sienne brûlée, ainsi que des vigueurs produites avec de la seppia et du brun rouge complettent l'ensemble du travail que nécessite le pin.

Sapin.

Le sapin d'une forme pyramidale et très-élevée, vient dans les lieux très-sauvages; ses branches sont horizontales, jetées de côté et d'autre avec une grande confusion. Sa nuance est d'un vert vigoureux, qui ainsi que celle du pin, résiste à l'hiver; cette teinte se compose pour les ombres de seppia, d'indigo et de laque jaune; pour les demi-teintes de cendre verte et d'indigo, et enfin pour les clairs de laque jaune et de cendre verte très-légère.

Le tronc se travaille absolument de la même manière et pour l'exécution et pour le coloris, que celui du pin.

Hêtre.

Le hêtre est un arbre majestueux, aux formes imposantes et sévères. Luttant dans les forêts avec le chêne, à côté duquel il s'élève orgueilleusement. Son feuillage mince et serré, se compose de toutes petites feuilles rondes; ses branches se jettent de tous côtés, portant toujours leurs têtes vers le ciel. Le tronc est lisse et uni d'un ton blanchâtre, couvert de mousse en certains endroits et sillonné horizontalement par des veines d'un gris sombre.

Le ton local du hêtre se compose pour les clairs, d'un glacis extrêmement faible d'outremer ou de laque jaune; pour les demi-teintes, de Payns Gray et de seppia bruni avec du noir de bougie; pour les ombres, les vigueurs nécessitent du brunn madder et de la terre de sienne brûlée. Les mousses demandent du jaune indien et de la terre de sienne brûlée pour les clairs; de la seppia, de la terre de sienne brûlée et de la cendre verte pour les ombres et les demi-teintes. Le noir de bougie et le Payns Gray uni à la terre de sienne brûlée servent à forcer tout le travail.

Chataignier et Noyer.

Le chataignier et le noyer peuvent se traiter de la même manière, leur feuillage est très-découpé, composé de larges feuilles attachées à une même tige en forme de main; leur nuance est d'un vert foncé composé pour les ombres, d'indigo, de laque jaune, et de noir de bougie; pour les demi-teintes d'indigo et de laque jaune, et pour les clairs, de jaune indien et de cobalt. Le travail se fait par teintes plates et se termine à la pointe du pinceau en dessinant spirituellement les feuilles.

Quant aux troncs de ces deux arbres, leur écorce est très-raboteuse, et se traite absolument de la même manière, pour le coloris et pour l'exécution que celle du liège dont nous avons parlé plus haut.

Orme.

L'orme qui embellit presque toutes nos promenades publiques, se retrouve souvent aussi dans nos campagnes. Sa forme est noble et sévère ; son feuillage offre de belles masses qui entrent fort heureusement dans la composition du paysage historique ; sa feuille est petite et ronde d'une nuance verte, sombre et grise.

La seppia, l'indigo, la laque jaune serviront pour les ombres ; la laque jaune et l'indigo pour les demi-teintes et les lumières. Le travail doit se faire en découpant les masses par petites parties.

Le tronc se traitera comme celui du peuplier avec lequel il a beaucoup de rapport.

Acacia.

L'acacia est un arbre aux formes sveltes et capricieuses, qui fait l'agrément de nos jardins. Son feuillage composé de toutes petites feuilles rondes, attachées à une même tige, offre un vert d'une nuance brillante, plus ou moins tendre, selon l'âge de l'arbre; il se compose de jaune indien ou de laque jaune, mélangées faiblement avec de la cendre verte pour les lumières; on ajoutera un peu de cobalt pour les demi-teintes, et du bistre avec de l'indigo pour les ombres.

L'ébauche se fera par teintes plates, et le travail du fini au moyen du *pinceau brosse* en relevant et terminant les détails avec la pointe d'un pinceau ordinaire.

Le tronc se travaillera avec les mêmes teintes et les mêmes moyens que celui du pin d'Italie.

Des Fabriques.

On appelle fabriques toutes les constructions qui entrent dans la composition du paysage, une tour, une chaumière, des ruines, une maison etc., sont des fabriques ; l'ébauche se fait par teintes plates qui indiquent de suite la nature de la construction.

Il serait difficile , je dirai même impossible , d'assigner des règles invariables pour la détermination des couleurs que l'on doit employer pour peindre les fabriques. Une observation attentive de la nature , guidera l'élève beaucoup mieux que tout ce que je pourrai dire ; je ne lui donnerai ici que quelques idées générales , dont le souvenir présent à sa mémoire pourra l'aider un peu dans ses études.

Les murs construits en pierres neuves et taillées se prêtent peu facilement au paysage ; on leur préfère les constructions en moëllons , en planches ou en briques. Plus ils sont vieux plus ils doivent produire d'effet.

Planches

Les constructions en planches se

préparent par des teintes plates composées le plus souvent de seppia, de bistre, de Payns Gray, de noir de bougie et de brunn madder pour les ombres ; les demi-teintes demandent du cobalt, de la seppia, de la laque brûlée, de l'ocre jaune et de la terre de sienne brûlée. Lorsque l'on n'a pu ménager les clairs, on les gouache avec du blanc d'argent, de l'ocre jaune et du vermillon. Quelques tons mousseux répandus sur de vieilles planches ajoutent beaucoup à l'effet pittoresque de ces fabriques.

Moëllons.

Les constructions en moëllons se colorent selon la nuance des pierres qui les composent, et il serait difficile à cet égard de rien préciser ; on emploiera souvent pour les ombres, du brunn madder, de la seppia, du bistre, du Payns Gray, du noir de bougie, de l'outremer et du carmin.

Briques.

Le ton local des constructions en briques se compose de laque brûlée et de Payns Gray ou d'outremer et de terre de sienne brûlée glacée de vermillon.

Travail des Fabriques.

En général le travail des fabriques doit être large ; les détails doivent être rendus avec esprit ; ils se font à la pointe du pinceau, que l'on tient verticalement de manière à pouvoir appuyer de temps-en-temps, et donner plus de force à la touche. On termine en employant le *pinceau brosse* qui, surtout dans cette occasion, produit les plus heureux résultats.

Mortier.

Des frottis faits avec le bout du doigt, et de la couleur moite, imitent assez bien l'effet de l'enduit de mortier.

Des glacis legers et aqueux doivent être employés souvent dans les ombres pour leur donner de la transparence.

CONCLUSION.

Je crois avoir dit sur le sujet que je viens de traiter tout ce que l'on peut écrire. Si à la théorie dont je lui ai développé les principes aussi simplement que possible, mon lecteur veut bien prendre la peine de joindre un peu de pratique en copiant les vingt-quatre dessins de mon cours d'aquarelle, en location chez M. Castiaux, j'ose lui affirmer que sans autre étude, il sera capable de marcher de ses propres forces avec l'aide de la seule nature, car elle doit toujours nous guider dans nos études.

J'ai insisté sur certains points essentiels de l'art, parce que je n'ignore pas les difficultés qu'on éprouve en commençant.

La matière qui fesait le sujet de ce

faible opuscule, ne me permettait d'y introduire aucun style. J'ai donc parlé comme le cas l'exigeait avec naïveté, et par cela même j'ai été souvent entraîné à des répétitions fréquentes que mon lecteur artiste plus que littérateur, voudra bien avoir l'indulgence de me pardonner.

J'ai indiqué avec franchise tous les moyens, tous les procédés que j'employais pour faire l'aquarelle, j'ose affirmer que ce sont les miens, je ne dis pas pour cela que ce sont les meilleurs. Mais comme jusqu'à aujourd'hui j'ai toujours été pleinement satisfait du résultat qu'ils me donnaient, je m'y tiens sans réserve. J'espère que mon lecteur voudra bien en faire lui-même l'essai, c'est dans ce seul but et afin d'être utile à tous les artistes et amateurs, que j'ai entrepris de leur confier ce que je puis appeler mes secrets, sans que cependant ils aillent s'imaginer que jusqu'à ce jour j'en aie été jaloux. Non, au contraire, j'ai toujours travaillé pour le public. C'est à lui que j'en ai appelé pour savoir la valeur de mes ouvrages, et mes efforts ont presque toujours été applaudis ; c'est ce qui a encouragé mes travaux et m'a placé dans la voie où je suis.

Les artistes et les amateurs ont toujours eu beaucoup de peine à copier mes dessins ou mes tableaux. Je le conçois facilement, et je dis plus, c'est que je défie qui que ce soit ne connaissant pas ma manière de travailler, de pouvoir m'imiter ; aussi n'ai-je jamais refusé de prêter mes conseils à tous ceux qui me les ont demandés. Je suis heureux même de pouvoir dire que cela m'arrive tous les jours, et c'est là une vraie jouissance pour un cœur puissamment artiste.

Je crois que mon petit ouvrage sur l'aquarelle remplira donc une lacune importante qui existait dans les arts. Il renferme à peu près toute la science d'un petit aquarelliste, et je désire bien sincèrement que le fruit de mes études, de mes expériences profite à celui qui voudra s'en servir. J'avoue que depuis longtemps moi-même j'avais ressenti le besoin d'un traité d'aquarelle, car j'ai été obligé de chercher beaucoup, et Dieu sait si j'ai gâté du papier avant de savoir le peu que j'en sais aujourd'hui. Il est vrai que j'en ai une bien plus grande satisfaction, car il est heureux et fier pour un artiste qui a de l'amour-propre de ne devoir ce qu'il sait qu'à la nature et à lui-même.

FIN.

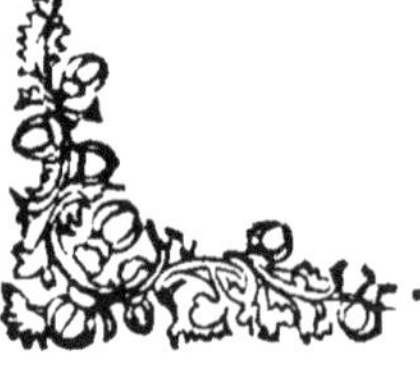

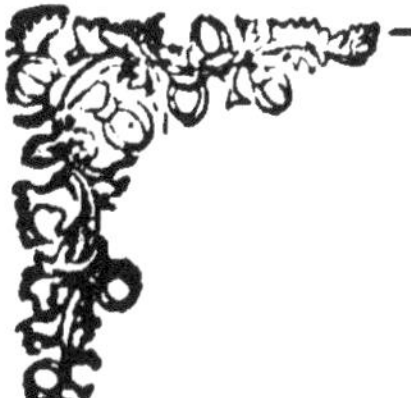

TABLE DES MATIÈRES.

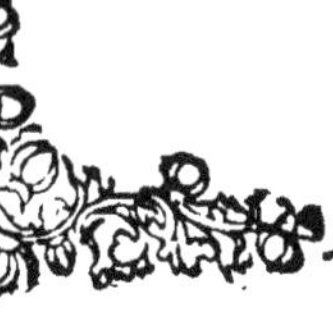

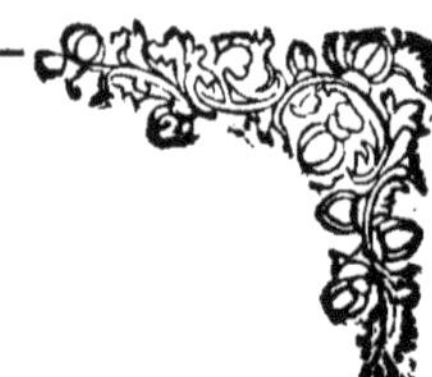

FIN DE LA TABLE.

On trouve chez **CASTIAUX** *fils, éditeur du cours d'aquarelle, par M. A. DD. Chirac, Grande Place, n° 13, à Lille, les marchandises dont la nomenclature suit ;* SAVOIR :

Canifs, pour la taille des crayons.

Albums et livres de croquis pour dessiner ou écrire.

Boîtes de crayons de couleurs. — Boîtes de pastels assortis.

Courbes mathématiques dites *pistolets*, en poirier.

Planches à dessiner. — T pour l'architecture et le dessin linéaire.

Cartons de bristol. — Idem de dessin. — Idem de fantaisie pour encadrer les dessins. — Idem tendus d'un papier velin anglais pour le lavis et le dessin.

Compas en cuivre.

Encre de chine.

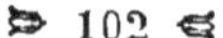

Crayons de Conté pour le dessin. — Idem carrés noirs n° 1 et 2. — Idem carrés noirs très-tendres n° 3. — Idem ronds noirs n° 1 et 2. — Idem vernis 1.re qualité. — Crayons à sauce dits velours. — Crayons de mine de plomb montés sur bois. — Idem anglais dits Broekmann, Mordan, Roberston et Walter.—Dito français de Conté et autres, dits lignes. — Idem plus minces pour portefeuille et agenda. — Crayons à mathématique. — Crayons divers, tels que pierre d'Italie, pierre noire naturelle, sanguine, fusains. — Crayons ardoises.

Encre d'or et d'argent.

Estompes en peau, liège, soie et papier, assorties de grosseur. — Dito à sandaraque.

Plumes de Perry à dessiner.

Gomme élastique.

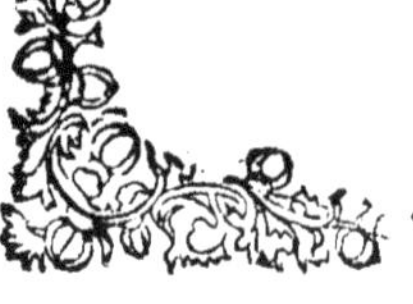

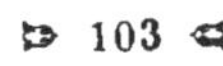

Grattoirs de bureaux.

Passe-partout pour dessins ou gravures, avec filets.

Pointes d'acier pour calquer.

Papier pour le dessin et le lavis.

Stirators pour tendre le papier.

Plumes de corbeau.

Boîtes et étuis de mathématiques.

Rapporteurs en corne.

Cartons de Bristol.

Décimètres en buis.

Boîtes de crayons de couleur. — Idem de couleurs pour le dessin, la miniature, la gouache, l'aquarelle, le lavis, etc. — Idem de couleurs anglaises, françaises et d'Allemagne.

Cadres pour miniature en bois noirci, en tôle vernie, cuivre doré, bronzé et couleur pallissandre, ronds et ovales de différentes dimensions.

Chevalets à crémaillères et à griffes, en noyer verni et non verni, bois

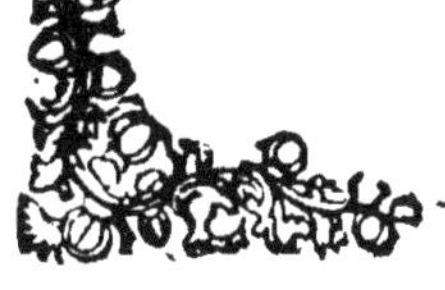

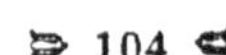

blanc et acajou. —Chevalets de campagne, pliants.

Coquilles d'or et d'argent.

Couleurs fines, savoir: en poudre dites impalpables, en pastilles rondes, en vessies broyées à l'huile, en grains broyées à l'eau, en feuilles ou écailles pour la miniature, en tablettes gommées pour lavis, françaises et anglaises. Tableau alphabétique de couleurs.

Couleurs Molles au miel pour l'aquarelle.

Couleurs en poudre.

Couteaux à pallettes en acier, en corne et en fer.

Entes pour pinceaux, en ivoire, buis et bois de rose.

Godets en porcelaine ou fayence pour lavis. — Idem en fer-blanc pour palettes.

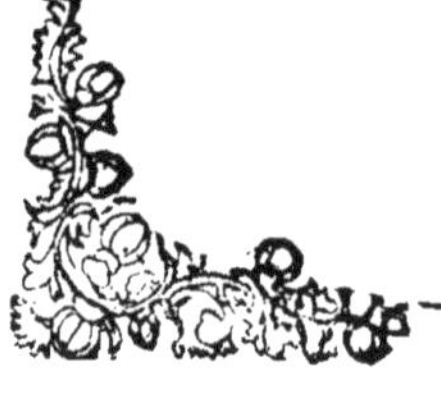
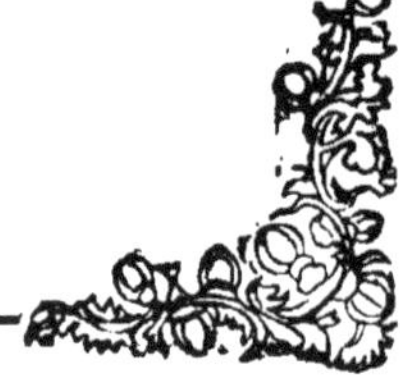

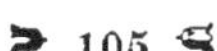

Glaces dépolies pour broyer les couleurs.

Huile grasse, blanche.

Essence et vernis pour peinture.

Ivoires en feuilles pour miniature.

Palettes en ivoire pour la pose des couleurs.

Molettes en cristal ou en verre.

Palettes en acajou, noyer, porcelaine et fayence.

Pinceaux à laver, montés en plumes de cygne. — Idem à peindre superfins pour la gouache et l'huile, etc. — Idem demi-fins. — Idem communs. — Idem en martre rouge et noire. — Idem dits putois, petit-gris, blaireau, queue de morue, etc.

Brosses de martre montées en virolles et en laiton.

Toiles à peindre de toutes dimensions.

Boîtes pour la peinture à l'huile, en

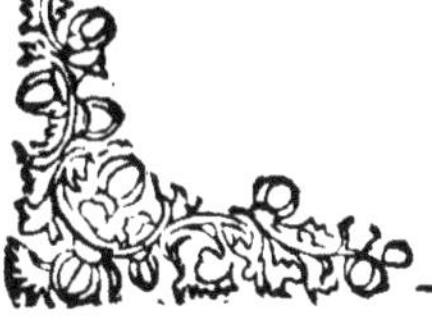

bois blanc, noyer verni ou non verni et acajou.

Appui-mains en bois blanc, bois noir et bois des îles. — Idem ployans.

Presses à miniature.

Lithographies coloriées, genre Deveria.

Plumes chinoises peintes, etc., etc.

Dans le même établissement, on peut acheter ou se procurer en location, des tableaux, des aquarelles et des dessins de tout genre, et on les entoure de passe-partout à filets, sur papier blanc ou de couleurs. On se charge de les coller dans les albums.

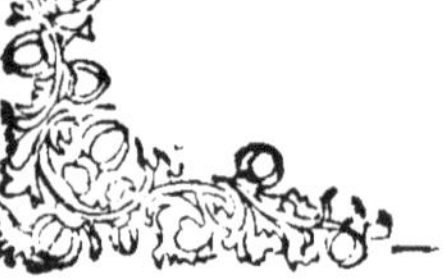

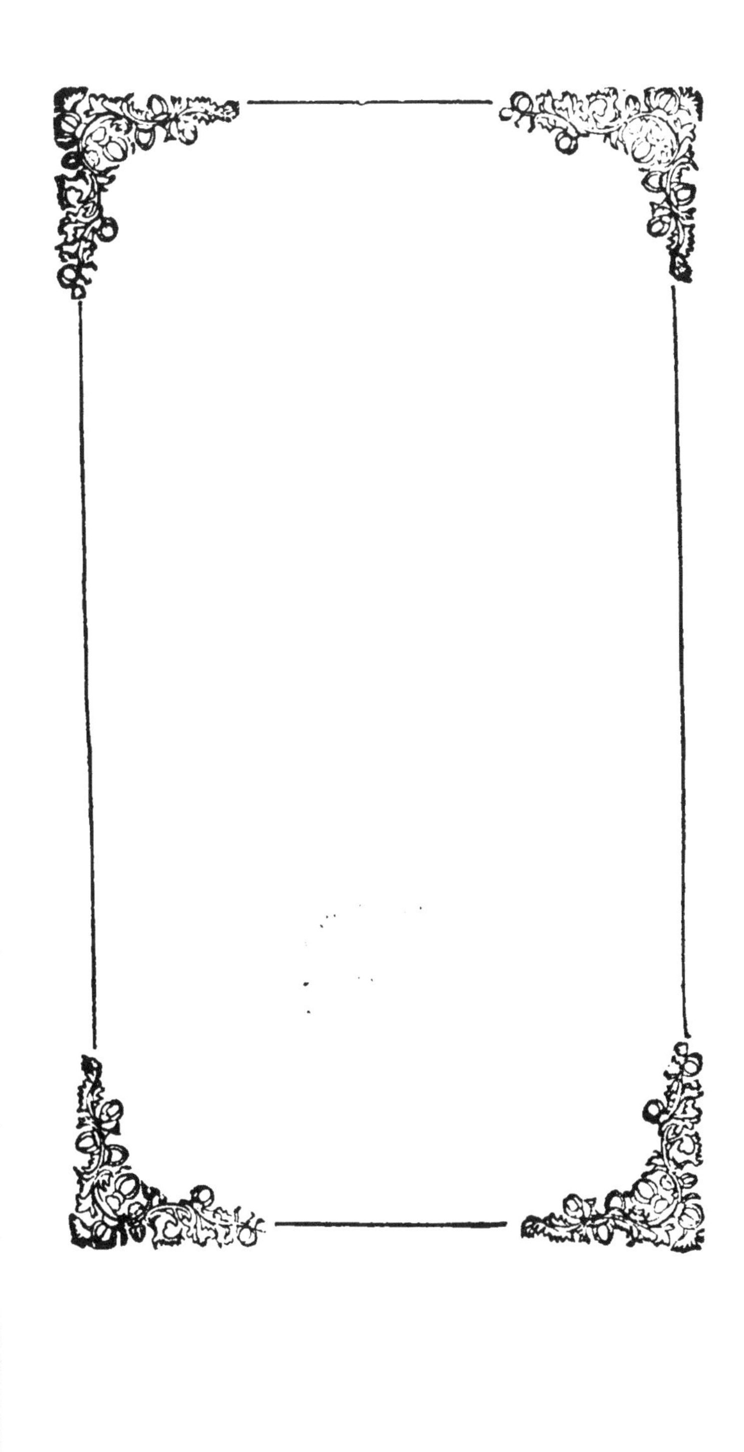

www.ingramcontent.com/pod-product-compliance
Ingram Content Group UK Ltd.
Pitfield, Milton Keynes, MK11 3LW, UK
UKHW021058270726
13994UKWH00009B/730

9 782329 470917